ALPHABET

Ou nouvelle méthode

DE LECTURE

GRADUÉE

EN DOUZE LEÇONS

ADAPTÉES A LA MÉTHODE D'ENSEIGNEMENT MIXTE.

CHALON-S.-S.,
Chez **BOYER**, libraire,
Grand'Rue.
1848.

PREMIÈRE

Chiffres.

1 2 3 4 5 6 7 8 9 10 11 12

Voyelles.

a e i y o u

e é è ê

EXERCICE.

ALPHABET MAJUSCULE.

A B C D E F G H I J
K L M N O P Q R S
T U V X Y Z.

ALPHABET MINUSCULE.

a b c d e f g h i j
k l m n o p q r s t
u v x y z.

LEÇON. 3

ARTICULATIONS

des consonnes avec les Voyelles.

a	e	i	o	u.
Ba	be	bi	bo	bu.
Ca	ce	ci	co	cu.
Da	de	di	do	du.
Fa	fe	fi	fo	fu.
Ga	ge	gi	go	gu.
Ja	je	ji	jo	ju.
Ka	ke	ki	ko	ku.
La	le	li	lo	lu.
Ma	me	mi	mo	mu.
Na	ne	ni	no	nu.
Pa	pe	pi	po	pu.
Qua	que	qui	quo	quu.
Ra	re	ri	ro	ru.
Sa	se	si	so	su.
Ta	te	ti	to	tu.
Va	ve	vi	vo	vu.
Xa	xe	xi	xo	xu.
Za	ze	zi	zo	zu.

banalité|carabine
habitude|javeline
nativité|parabole
témérité|validité
hilarité|caroline

bé a ti tu de, jo vi a li té, ki lo-
go ne, lu pu li ne, mé di ta ti ve,
ni co dè me, ri va li té, so li tu de,
ta ve lu re, vi dé, zi be li ne, bo-
bi ne, ca vi té, ga ré, fé dé ra ti-
ve, ga lo pi né, la du re té, u ne
jé ré mi a de, la si mi li tu de, le nu-
mé ro, la co lè re, la va ni té, la sé-
vé ri té, la lé ga li té, le zé ro, u ne
lo ca li té, sa fi dé li té, la va li di té,
le di né, la pa na de, le rô ti, la sa-
la de, la fa mi ne, le ca fé, la lu ne,
ho no ré a do re ra la di vi ni té, ma
pe ti te a mie é vi te ra la co lè re. zo é
fe ra sa jé ré mi a de. ca ro li ne a sa li
sa ro be de bu ra ti ne. jé rô me

LEÇON

do	mi	no	fi	gu	ré	ga	lo	pé
ka	ra	bé	la	va	bo	mé	di	té
ra	re	té	sa	la	de	to	lé	ré
vé	ri	té	ho	no	ré	jé	rô	me
dé	pu	té	fi	dè	le	pi	vo	té

a ti ré sa pe ti te ca ra bi ne. pa pa fu me ra sa pi pe. hé lè ne me di-ra la vé ri té. la mo de se ra ri-di cu le. ré my i ra à pa na ma. la za re à te nu sa pa ro le. ta pe-ti te ca ba ne se ra dé mo li e. ma pe ti te ca ma ra de a go bé la pi-lu le. nu ma me mè ne ra à do le, de do le à ni ni ve, de ni ni ve à ro me. le na vi re de va lè re se-ra so li de. lu lu se fe ra bo bo, ho no ré i ra à la ca ve. pa pa bâ ti ra u ne ca ba ne à la pe ti te bê te de zo é. le dé pu té fe ra u ne té mé ri té. la ri va li té dé no te de la va ni té ma mè re ha bi te ra sa lo ca li té.

brutalité	frugalité
gratitude	plénitude
stérilité	stupidité
pluralité	platitude
clavicule	proximité

blâ ma ble, pro fa né, gri ve lé, cra va te, la plu ra li té, la bri ga de, la fle xi bi li té, je fla ne, le bi bli o ma ne, le pro blè me, cro to ne, flo ri de, la cru di té, u ne fré ga te, u ne spa tu le, le drô le, je spé cu le à gre no ble, je pré fè re la pro pre té, le tri po li, le mè tre, u ne pru ne, u ne brû lu re, le tra pè ze, la mé tro po le, u ne pe ti te fa ble, le sa ble brû lé, le li vre do ré, la bri de de la mu le, la cla vi cu le, la pré ro ga ti ve du trô ne. je pré fè re sa gra vi té à ta fri vo li té. la tri via li té dé no te de la stu pi di té. vo tre li vre se ra a gré a ble à li re. mi mi

LEÇON. 7

c r é d o	b l â m é	d r a p é
p r i v é	b r a v é	f r i p é
b r o d é	c r é p i	p r ô n é
b r i d é	f l u t e	b r a v o
b r u l é	g r a v é	g l a n é

———   ———   ———

dé gra de ra ma pe ti te fré ga te.
bru no se ra bra ve. no tre blé se ra
cri blé. ré né me prê te ra u ne plu me.
le frê ne se ra sté ri le. vo tre frè re se
li vre à la pro di ga lité. lu lu fe ra
u ne drô le de spa tu le. ca ro li ne
ra pe ra une li vre de su cre. vo tre
frè re ti mo thé me pro cu re ra
u ne cra va te bru ne. ta pro pre-
té se ra prô né e. ho no ré ré pri-
me ra la bru ta li té de vo tre
pri ma. la pro me na de me se ra
a gré a ble. vo tre bra va de mé-
ri te le blâ me. le cu ré de la mé-
tro po le fe ra le prô ne de la tri-
ni té. é mi le se ra pu ni.   ⋆

ch	gn
ch a ri va ri	ma gn a ni me
ch e va li ne	ma gn i fi que
ch e vro ti ne	i gn o ré
ch u cho té	i gn o ble
ch o pi né	é gr a ti gné

chi mé ri que, de la qui ni ne, u ne bû che, de la vigne, le phéno mè ne, je cra cho te, u ne figue, le si gne, la ro che, la di gni té, le pa na che, la fre lu che, de la vo gue, la ma li gni té, un e chape, le fra que bro dé, le fré né tique, le tro pi que, la chute, le ri che se ra chi che, ma bi bli o thè que se ra pu bli que, la lâ che té se ra pu nie, je che mi né, je tré bu che, le pha la ro pe, le pho que, ré né fabri que ra de la bri que, ta chara de se ra chi mé ri que, u ne coqui ne de chè vre, ma tâ che me se ra

LEÇON.

ph f	gu g	qu q
ph a re	gué ri te	qua li té
ph ê ne	gu è re	qu ê te
ph y ma	gu ê pe	qu i vi ve
pho la de	gu é ri	qu o ti té
pha lè ne	gu i ta re	qu i va là

pé ni ble. je pê che à la li gne. u ne mé ta pho re ma gni fi que. do mi ni que a la co que lu che. le ri che cha ri ta ble se ra ché ri. ré mi dé chi re ra la ro gnu re de ma bro chu re. le rè gne dé mo cra ti que de la bre ta gne. a dè le a dé ta ché le pa na che. le pè re do mi ni que pra ti que ra la cha ri té. ta mè re cri ti que ra cha que cha pi tre de ma pe ti te bro chu re. le phé no mè ne de la lu mi è re mé ri te u ne é tu de ré flé chie. vo tre lé gu me ré pu gne. ma fré ga te a cha vi ré. u ne che ve lu re bru ne ab ac ad al ar | as ec el er es

ab so lu	as pi ré
ac ti vé	ec di que
ad mi ré	el ne
al cô ve	er mi te
ar bo ré	es ti me

ab s or bé, ac t if, ad ju ré, al binos, ar ba lè te, as pé ri té, le be, er se, es pa gne, vic t or, v if, s ubt il, is ra é li te, oc to bre, pa ra s ol, a d op té, ur ba ni té, m os co vi te, c ap su le, é r up ti ve, s ur ve nir, ar b us te, ab so lut is te, t ac ti que, ad ver be, chev al, v ar lo pe, as tro no me, archi tec tu re, ac tu el, h er cu le, p es te, ar chi duc, c ar di nal, ca s t or, u ne her mi ne, le captif, le li bé ral, le ca nif, u ne virgu le, ad jec tif dé ter mi na tif, ar ti cle, é li dé, le fer-à-cheval, u ne ver tu ac ti ve, un a qué duc

LEÇON

ic if il ir is	oc ol op or os	ul up ur us
ic tè re	oc ta ve	ul ve
if ar bre	ol f ac t if	up s al
il lé g al	op ti que	ur ne
ir ri té	or bi te	ur su le
is ra ël	os té o co pe	us née

re mar qua ble, le cris tal de roche, le mo nar que ac tif, le ver be pro no mi nal, le ca po ral dé gradé, la per ver si té du siè cle, la per te de la gar ni tu re, le cal cul du pro blè me, la fe nê tre à bascu le. sa ver tu se ra épu rée. le gaz vi tal se ra ab sor bé. gus ta ve pa ti ne ra sur le ca nal. le ca ractè re i nac tif de clo til de la fe ra ha ïr de sa mère. le che val vif se ra ac tif. mar di vic tor fe ra par ve nir le bo cal. la co car de tri co lo re a été a dop tée. luc fermera la por te de la ca ve. vic tor a dor mi sur le mur.

am an em en	im in aim ain ein
am ba re	im bi bé
an go la	in cli né
em po ché	la f aim
en chan té	de m ain
en sem ble	p ein tre

le m ain tien, le l oin t ain, cl an-
des t in, é t ain, c om b ien, a m an-
de, un cr am pon, un t am p on
im pl an té, in com pé t en te,
le f an fa ron, un r ien, la m ain
le te n on, un la p in, ma p en-
si on, le m on d ain, la vi an de,
le p ain, du b on v in, un bon p an-
ta l on, un m an ch on, le re frain
de la com plain te, un bon vi gne-
ron, la bon té de mon pro chain,
di manc he lé on por te ra son bon
pan ta lon de nan kin. on chan te-
ra ma chan son de main. le soin
que ma man pren dra de la san té
de mon frè re en chan te ra mon

LEÇON 13

ien oin	om on	um un
le t ien	om bre	h um ble
le s oin	on d in	l un di
le m ien	t om be	h um ble
le f oin	on de	cha cun
le b ien	c om té	a l un

on cle. la guim bar de a é rein té un din don. co lom bin chan te ra bien son can ti que lun di ma tin. le vio lon du fri pon se ra ven du. on a fon du un ca non de bron ze à mâ con. fan fan de man de ra son mâ con. fan fan de man de ra son pain de main. ro bin fe ra u ne plain te à son on cle le pein tre. le my o pe re gar de en vain le loin tain. mon on cle ren ver se ra le mur de son jar din. le fri pon fe ra la con treban de de main ma tin. le pan tin chan te ra une chan son en la tin, je de man de cha que ma tin mon pain quo ti dien. le chien de ton on cle

au eau	en eur œur œuf
au di ti ve	eu pa toi re
eau ré ga le	la fu r eur
au to ri té	un b on c œur
eau se con de	un b on b œuf
au bai ne	eu pho ni que

un m oi neau, le la b ou r eur, un vo l eur, le p ou v oir, le mir oir, u ne his t oi re, la p ei ne u ne v ei ne, la mé m oi re, u ne mâ ch oi re, un c ou t eau, le feu, un tom be r eau, u ne n eu vaine, u ne au b aine, le col p orteur, le t our n eur, le t rou p eau, la bour go gne, la lou ve, le veau, un tau reau de paim bœuf, la sou pe chau de, le mou choir. son bon cœur fe ra son bon heur. le sau mon se ra ser vi au souve rain sur u ne sou coupe avec de la mou tar de jau ne. je perdrai mon beau cou teau au château. le ré dac teur du jour nal

LEÇON

ai ei	oi oir	ou our
ai me	le r oi	ou b li
p ei né	de v oir	our dir
ai dé	la l oi	ou tre
r ei ne	bon s oir	our lé
ai gre	sa v oir	m ou ché

se ra men teur. mon ba lai de sau le se ra fle xi ble. lé on fe ra paî tre son pou lain à côté du mou lin. gus ta ve ou vri ra la bou che pour se plain dre. le moni teur a mal au cœur. le mouchoir de ma sœur a été re trouvé. mon cher a dol phe, a do re un dieu créa teur, ad mi re la gran deur de son pou voir. le moi neau a été la proie du vautour sur la tour de ma cour. ton mou ton a été trou vé bien maigre. ré my sou haite le bon soir à la com pa gnie. le rec teur se ra de re tour à u ne heu re. le roi aime son peuple.

ch k	t s
chro ni que	pu ni tion
chré meau	ré mi tion
chro ma te	mu ni tion
chry sa li de	po si tion
chrê me	in ven tion

un chro no mè tre, un gé o mè- tre, un bon fro ma ge, une po- si tion fa vo ra ble, le vi sa ge, u ne be sa ce, la mai son, u ne pro phé tie. Jé rô me man ge ra u ne ce ri se rou ge. la di vi si on de ce gé né ral i ra à be san çon. la pu ni ti on in fli gée à an gé li que fe ra ma dé so la ti on. ce mi sé- ra ble ré gi ci de pren dra u ne mau vai se ré so lu tion en pri son. nu ma me ré su me ra la le çon de géologie. le philosophe fera une perquisition. Ce militaire a eu la lâcheté de déserter avec arme et bagage. mon ami a été décoré en afrique pour une action glorieuse.

LEÇON.

c s	g j	s z
ce ci	ju gé	vi sa
fa ce	for gé	mi se
li ce	na gé	vi sé
ra ce	gî te	ba se
ma çon	gi vre	be si

je présume que maman achètera de la crême douce pour mon goûté. ce jeune garçon sera méprisé à cause de sa vanité. mon cousin fera une invention pour guérir la cicatrice de ma cousine. la méditation fera ma consolation en prison. ce maçon ira à mâcon en condition. lucie composera une pièce de musique religieuse qui sera chantée en cadence par clémence. la religion console le pauvre. on ira en réquisition par division. ce brave garçon a bien récité sa leçon. ce maçon me bâtira une maison. il mangera du pain de munition par punition.

ail aill	euil, l ueil, l
le por t ail	le fau t euil
la t aill e	la f euill e
le tra v ail	ton or g ueil
la c aill e	je c ueill e
le dé t ail	un cer c ueil

un camail, de la paille, une volaille, du travail, du cerfeuil, du feuillage, du feuilletage, un recueil, recueilli, une souillarde, la souillure, pareille, son pareil, la groseille, un carillon, de la vieille oseille, une veilleuse, du vermillon, une vétille, une grenouille, une chenille, un papillon, un tourbillon, un barbouilleur, un bon travailleur, une bouteille, une bataille, une béquille. mon tailleur habille à merveille. le soleil brille pour seconder le travail de la grande famille. le papillon voltige de feuille en feuille. la chenille ram-

LEÇON.

eil eil l	ill ouill	uill
so l eil	t ill e	c uill ère
o r eill e	b ouill i	ai g uill e
ré v eil	qu ill e	c uill e ron
a b' eill e	h ouill e	é g uill ade
or t eil	t ill é	ai g uill on

pe sur la charmille. cendrillon a une bouteille de vanille pour sa famille. la mitraille a criblé un bataillon de tirailleurs. pour avoir un bon bouillon, il ne faut pas, ma fille, faire cuire le bouilli à gros bouillons. je préfère une caille à de la volaille. le barbouilleur a huilé mon fauteuil. le soleil trouvera le sage à son travail. ton orgueil te conduira au cercueil. mon filleul a rempli sa futaille de houille avec ma bouille. la canaille de marseille a pillé un magasin de semouille. le fer trouvé dans les fouilles est rongé par la rouille.

dd ff mm nn pp	ais ait est et-ai
ton addi tion	je chanter ais
mon a ffec tion	il réformait
une com mu ne	il est aimé
une ca no ma de	et chéri
un a ppren ti	à jamais

Additionner. Affectionner. Accommoder. Attérer. Appétissante. Rendez cet ouvrage tout uni. Tu parlerais. Il s'informait. Il est arrivé. Ils chantent et vous pleurez. Les enfants doivent s'entr'aimer. Ton image est belle. Attendrissez-vous sur le sort du pauvre. Les hommes inaccessibles au vice s'affermissent dans la bonne voie. Mon fils, que votre piété soit sincère, et que la vérité préside à toutes vos paroles. Un enfant officieux, complaisant et poli, est toujours aimé. Aimez le doux plaisir de faire des heureux. Que votre cœur s'attendrisse sur le

LEÇON.

ent-e, erez-é	j'l'm'n's'	a e i o u h
ils aiment	j'aime	les amis
souhaiter	l'ami	nos élèves
vous rendrez	m'oublie	un idiome
ils reçoivent	n'espère	un ouvrage
ils prennent	s'aimer	un homme

sort des malheureux. Un cœur noble pardonne à tous ses ennemis. Ne demandez à Dieu ni grandeur, ni richesse, mais demandez-lui la sagesse. Craignez un Dieu vengeur, c'est le premier pas qui mène à la sagesse. Fuyez la compagnie des enfants libertins et recherchez celle des enfants sages. Evitez le mensonge, parce qu'il déplaît à Dieu. Soyez humble et modeste au milieu des succès. Honorez vos parents, surtout dans leur vieillesse. Heureux l'homme qui évite tout ce qui peut ou souiller ou charger sa conscience.

ONZIÈME LEÇON.

De la Ponctuation.

La Ponctuation marque les endroits du discours où l'on doit s'arrêter plus ou moins de temps; elle se compose :

De la virgule (,),
Du point et virgule (;),
Des deux points (:),
Du point (.),
Du point interrogatif (?),
Et du point exclamatif (!).

Le repos de la *virgule* ne doit durer que le temps nécessaire pour respirer. Celui du *point et virgule* est un peu plus long. Celui des *deux points* doit durer un peu plus que le précédent; mais celui du *point* est le plus long de tous, en ce qu'il marque la fin d'une phrase : il est même nécessaire de le faire sentir par une inflexion de voix. On doit observer cette dernière règle pour les *points interrogatif* et *exclamatif*. Les divers repos de la ponctuation sont indispensables pour qu'une lecture soit bien comprise.

DOUZIÈME LEÇON.

De l'Apostrophe (').

L'Apostrophe marque le retranchement de l'une des lettres *a*, *e*, *i*, dans les mots *la*, *le*, *de*, *ne*, *que*, *ce*, *entre*, *quelque*, *jusque*, *je*, *me*, *te*, *se*, *si*, quand ces mots sont suivis d'une voyelle ou d'un *h* muet. On dit : *l'amitié*, *l'humeur*, pour *la amitié*, *la humeur*. On dit : *l'ami*, *l'honneur*, pour *le ami*, *le honneur*. On dit : *d'amour*, *d'humilité*, pour *de amour*, *de humilité*. On dit : *il n'aime pas*, *il n'honore pas*, pour *il ne aime pas*, *il ne honore pas*. On dit : *qu'est-il arrivé*, *c'est vrai*, pour *que est-il arrivé*, *ce est vrai*. On dit : *entr'autres*, pour *entre autres*. On dit : *quelqu'un*, *jusqu'ici*, pour *quelque un*, *jusque ici*. On dit : *j'aime*, *je m'instruis*, pour *je aime*, *je me instruis*. On dit : *tu t'amuses*, *elle s'ennuie*, pour *tu te amuses*, *elle se ennuie*. On dit : *s'il vient*, *s'il arrive*, pour *si il vient*, *si il arrive*.

L'ENFANT ET LA RAQUETTE.

Un enfant, joli comme un cœur,
Récitait à trois ans, plusieurs fables par cœur,
Savait son catéchisme, et commençait à lire;
    Je n'ai besoin de dire
  Que de sa mère il était le bijou,
Et que sans le gâter son père en était fou.
    Trop s'appliquer nuit à l'enfance:
    Il lui faut de l'amusement.
La mère le sentit. On achète un volant:
On le donne au petit comme une récompense.
    Du devoir fait diligemment:
    L'enfant armé de sa raquette,
    Ne s'occupe plus que du jeu;
    Pour son volant il est tout feu:
    Dix fois par jour en public, en cachette,
Il s'exerce; c'est là son unique recette.
De catéchisme point; de lecture, très-peu.
Tant il fut procédé, qu'enfin la chère bonne
Va dire à la maman que le petit garçon,
    Au lieu d'apprendre sa leçon,
Malgré sa remontrance, au jeu seul s'abandonne.
    La mère fait venir l'enfant,
Lui reproche ses torts et lui prend le volant.
    Mon fils, je veux bien qu'on s'amuse
Mais, quand de mes bontés je vois que l'on abuse;
    Je sais comment il faut punir.
Croyez-vous qu'en jouant on acquiert la science?
Je ne saurais, mon fils, trop vous le répéter.
Le jeu, pour les enfants est une récompense:
Et c'est par le travail qu'on doit la mériter.
    Le petit mis en pénitence
Prouve, les yeux en pleurs, le cœur plein de soupirs,
Que souvent nos chagrins naissent de nos plaisirs.

Chalon-sur-Saône, imp. Montalan, rue Fructidor.